Inhalt

Werbeagenturen - Umsatzwachstum sorgt für Freude, Pitchkultur für Ärger

Kernthesen

Beitrag

Fallbeispiele

Zahlen und Fakten

Weiterführende Literatur

Impressum

Werbeagenturen - Umsatzwachstum sorgt für Freude, Pitchkultur für Ärger

Anja Schneider

Kernthesen

- Die größten deutschen Werbeagenturen konnten ihren Umsatz im Jahr 2013 steigern.
- Stärkster Auftraggeber war die Automobilbranche.
- Als die drei größten inhabergeführten Werbeagenturen wurden erneut Serviceplan, Jung von Matt und Media Consulta gelistet.
- Deutsche Agenturen spielen international keine große Rolle.
- Die vier größten internationalen

Werbeholdings sind WPP, Publicis, Omnicom und Interpublic.
- Im laufenden Jahr stellen Werbeagenturen mehr Festangestellte ein, aber weniger Praktikanten.

Beitrag

Werbeagenturen mit Wachstum im Jahr 2013

Die Top 50 der deutschen inhabergeführten Werbeagenturen (Independents) konnten 2013 ihren Umsatz durchschnittlich um kräftige 10,5 Prozent steigern (2012 waren es 5,5 Prozent). Das Gross Income lag bei 889,5 Millionen Euro. Ihr Personalbedarf stieg um 12,5 Prozent auf insgesamt 7 790 Mitarbeiter. Zu diesem Ergebnis kam das Ranking, das von den Fachmagazinen W&V und Horizont jährlich erhoben wird. Berücksichtigt werden alle Agenturen, die mindesten 25 Prozent ihres Gross Incomes mit klassischer Werbung erzielt haben und das Ergebnis testieren lassen. (1), (2) Diese Ergebnisse übertreffen die Zahlen des Frühjahrsmonitors deutlich, den der Gesamtverband Kommunikationsagenturen GWA veröffentlicht hat.

77 Mitgliedsagenturen haben an der Umfrage teilgenommen. Für sie hat der GWA für 2013 nur ein Umsatzplus von 5,3 Prozent errechnet. Für das laufende Jahr wird sogar ein Umsatzzuwachs von 7,4 Prozent prognostiziert.
Der stärkste Auftraggeber war im vergangenen Jahr die Automobilbranche mit 14 Prozent, gefolgt von den Nahrungs- und Genussmitteln mit zwölf Prozent; Pharma und Healthcare trugen mit neun Prozent und Banken/Finanzdienstleister mit acht Prozent zu den Werbeumsätzen bei. Wenig Geld für Werbung gaben die Branchen Online-Dienste, Versandhandel, IT sowie die Elektroindustrie aus. (3)

Trendwende bei Honorarstruktur

Leicht zurückgegangen sind die Anteile der Pauschal- und der Projekthonorare im Vergleich zu 2012: Der Anteil der Pauschalhonorare am Umsatz betrug 2013 25,8 Prozent (2012: 27,3), der Projekthonorare 47,8 Prozent (2012: 51,2 Prozent). Damit zeichnet sich eine vorsichtige Trendwende ab. Denn in den vergangenen Jahren wuchs der Anteil des Projektgeschäfts kontinuierlich an. Mehr geworden ist die Abrechnung nach Arbeitsumfang: 19,4 Prozent des Umsatzes geht auf berechneten, erbrachten Aufwand zurück (2012: 14,2 Prozent). (3)

Deutsches Ranking ohne Veränderungen unter den Top 3

An der Spitze des Ranking liegt unverändert die Münchner Agenturgruppe Serviceplan. Der Firmenverbund überschritt im Jahr 2013 beim Gross Income zum ersten Mal die 200-Millionen-Euro-Grenze und setzte insgesamt 201,6 Millionen Euro um. Neue Kunden, Cross-Selling und zugekaufter Umsatz, durch den Erwerb der Mehrheitsbeteiligung an Webfact in Hamburg und international, durch die Übernahme von Liquid-Campaign-Büros, trugen zum Wachstum von 15,8 Prozent bei.
Auf Platz zwei folgt mit großem Abstand Jung von Matt aus Hamburg mit einem Gross Income von 79,4 Millionen Euro. Dahinter rangiert Media Consulta aus Berlin mit einem Umsatz von 46,7 Millionen Euro. Zu den Wachstums-Champions des vergangenen Jahres zählen die Berliner Agentur Heimat (plus 45 Prozent dank vieler neuer Kunden, von Rang 14 auf Rang 10), UGW in Wiesbaden (plus 37 Prozent) und Die Jäger in Röckersbühl. Dagegen rutschte die Hamburger Agentur Kolle Rebbe nach einem Rückgang des Geschäfts um elf Prozent heraus aus den Top 10. (1), (2), [Abb. 1]

Internationale Werbeholdings:

Fusion von Omnicom und Publicis ist geplatzt

Der größte Werbekonzern der Welt ist die britische Werbeholding WPP mit einem Umsatz von zuletzt 13,36 Milliarden Euro und 165 000 Mitarbeitern. Zu ihr gehören Agenturen wie Ogilvy & Mather, Y&R, JWT, Grey, GroupM, Scholz & Friends. Das Umsatzplus lag 2013 bei 3,5 Prozent, die operative Marge verbesserte sich. Auch im ersten Halbjahr 2014 konnte WPP den Umsatz steigern. Für das Gesamtjahr 2014 peilt die Holding ein Umsatzwachstum von über drei Prozent an. Deutschland zählt mit einem Umsatz von 1,4 Milliarden zwar zu den wichtigsten sechs Ländern für WPP, ist aber ein bereits eroberter Markt. (4), (5), (6), (7)

Unmittelbare Konkurrenten sind die amerikanische Omnicom und die französische Publicis. Omnicom, zu deren Netzwerk DDB (Tribal), BBDO (Proximity), TBWA (Werbung), OMD, PHD (Media) gehören, verzeichnete 2013 ein Wachstum von 2,6 Prozent auf 14,58 Milliarden US-Dollar. Der Nettogewinn war leicht rückläufig. Die Fusion mit Publicis ist im Mai 2014 geplatzt. Dennoch lief das erste Halbjahr 2014 recht gut: Die US-Holding hat ihre Umsätze im ersten Halbjahr um fast fünf Prozent auf 7,37 Milliarden US-Dollar (5,45 Milliarden Euro) steigern können. Dabei

gelang ihr sogar ein Wachstum in Europa. (8)
Publicis, mit einem Umsatz von fast sieben Milliarden Euro und 62 000 Mitarbeitern die Nummer drei der weltweit größten Werbekonzerne, wirkt durch den geplanten und letztlich gescheiterten Merger gelähmt. Für das erste Halbjahr steht ein mageres Plus von 1,8 Prozent auf einen Umsatz von 3,3 Milliarden Euro in den Büchern, allerdings bei weiterhin der branchenweit besten Marge (16,5 Prozent). Verloren hat Publicis in Europa, auch in Deutschland, die Erwartungen in den Wachstumsmärkten erfüllten sich nicht. Zu Publicis gehören Agenturnetzwerke wie Publicis Worldwide, Leo Burnett und Saatchi & Saatchi (Kreation), Zenith Optimedia und Starcom Media Vest (Media), MSL Group (PR) sowie LBi Digitas und Razorfish (Digital). (9), (10)
Die Nummer vier im weltweiten Werbemarkt ist die US-amerikanische Holding Interpublic. Zu ihr zählen Agenturen wie McCann, FCB, Lowe sowie Universal McCann und Initiative. Interpublic sorgt derzeit für neue Übernahmespekulationen. Die operative Marge ist verbesserungswürdig, der Finanzinvestor Elliott Management ist vor kurzem bei der Holding eingestiegen. Möglicherweise bahnt sich ein Zusammengehen von Interpublic und der japanischen Dentsu an. Auch Publicis wird von einigen Beobachtern als möglicher Kaufinteressent gehandelt. (11)

Deutsche Agenturen spielen international keine große Rolle, rangieren nicht in den Top Ten. Als Wachstumstreiber für die internationale Werbebranche wirken die Suche auf mobilen Endgeräten, der Video-Bereich und die sozialen Netzwerke wie Facebook (vor allem der Ausbau des Mobilbereichs) und Twitter. Als Risiken für das Geschäft auf dem weltweiten Werbemarkt gelten weiterhin die Probleme in der Eurozone, die Situation im Mittleren Osten, die Unsicherheiten über das Wirtschaftswachstum in China, das US-Haushaltsdefizit, die Krise der Ukraine und die Sanktionen gegen Russland. (4), (5)

Personal: Mehr Festanstellungen, weniger Praktikanten

Die Werbeagenturen stellen laut Frühjahrsmonitor wieder vermehrt ein. So haben sich 2014 zwei von drei GWA-Agenturen vorgenommen, personell mit Festangestellten aufzustocken. 17 Prozent wollen den Personalstand halten, lediglich 14 Prozent gaben an, die Zahl der Festen zu reduzieren. Aufgrund des gesetzlichen Mindestlohns von 8,50 Euro pro Stunde werden weniger Praktikanten eingestellt. Der Zentralverband der deutschen Werbewirtschaft (ZAW) zählte in der Tat mehr Stellenanzeigen bei den Werbeagenturen. Sie haben in den ersten sechs

Monaten dieses Jahres 123 Prozent mehr Stellen angeboten als im Vergleichszeitraum des Vorjahres. In absoluten Zahlen waren es 2 179 Stellenangebote. Gleichzeitig relativiert der Verband: Von einem Job-Boom könne nicht die Rede sein. Denn im vergangenen Jahr hatten die Agenturen ihr Job-Angebot massiv heruntergefahren: Zur Jahresmitte 2013 stand ein Minus von 50 Prozent in der Stellenmarktbilanz des ZAW, am Jahresende belief es sich noch auf rund 30 Prozent. So wenige Stellenangebote hatten die Arbeitgeber zuletzt im Jahr 2003 ausgeschrieben. Parallel sind die Personalkosten um fünf Prozent gestiegen. Am stärksten haben sich die Kosten für Weiterbildung und Neugeschäft erhöht - um jeweils zehn Prozent. (3), (12)

Ärger über unfaire Pitches

Für Ärger in der Branche sorgt zunehmend die Art und Weise, wie die Werbekunden die Wettbewerbspräsentationen, die so genannten Pitches, gestalten. Die Teilnahme an einem Pitch ist für die Werbeagentur mit hohem Aufwand verbunden, sowohl zeitlich als auch finanziell. Je nach Umfang kann es sein, dass die Agentur mit bis zu sechsstelligen Summen in Vorleistung gehen muss. Die vorbereitenden Informationen (Briefings) sind oft unvollständig oder schwammig, der zeitliche Vorlauf bis zum Präsentationstermin sehr knapp gesetzt, das Auftragsvolumen unklar, die Teilnehmer seitens des Auftraggebers schlecht qualifiziert. Es werden oft sehr viele Agenturen eingeladen und bis in die Schlussrunden des Pitches gezogen, was den Verdacht nahe legt, dass die Honorare gedrückt werden sollen. Pool-Agenturen müssen auch um kleine Aufträge erneut gegeneinander antreten. Vor allem die Wettbewerbe, die von den Ministerien des Bundes initiiert werden, sorgten in den vergangenen Monaten für Zorn. Nun setzen sich die Agenturen zur Wehr. Viele überlegen sehr gründlich, ob es sich für sie lohnt, an einem Pitch teilzunehmen und bleiben immer öfter fern. Manche klagen. Seit Mai ist der Vergabe-Watchblog www.pitchblog.de online, der unfaire Methoden bei der Auftragsvergabe öffentlich macht. (13), (14), (15)

Trends

Für das gesamte Jahr 2014 erwarten die Werbeagenturen sogar noch etwas bessere Geschäfte als für das vergangene. Es werde generell mehr in Marketingkommunikation investiert und Felder wie digitale Kommunikation und Social Media wachsen. Online/Digital gilt als größter Wachstumsbereich. Bei der Befragung des so genannten Frühjahrsmonitors gaben 42 Prozent von 56 Agenturchefs an, dass hier die größten Steigerungen zu verzeichnen seien. Ebenfalls wichtig bleiben für die Agenturen die Markenführung und die Entwicklung von Markenstrategien. Fast jeder dritte Agenturchef gibt an, dass Beratung der am stärksten wachsende Bereich der Agentur ist. (3)

Contentmarketing, Plattformgeschäft und technologische Services werden von Branchenbeobachtern als die neuen Wachstumstreiber und Erlösbringer bezeichnet. Die Kreation hingegen verliert an Wert und Wertschätzung.

Die neuen digitalen Technologien werden den Werbemarkt weiter beflügeln. 2014 und 2015 soll der Markt um jeweils 5,3 Prozent wachsen. 2016 wird das Plus bei 5,9 Prozent liegen, so lautet die Prognose von Zenith Optimedia. (17)

Fallbeispiele

Social Media Präsenz der deutschen Werbeagenturen: Eine Studie, die die Präsenz deutscher Werbeagenturen in der Social-Media-Welt untersuchte und mit englischen Agenturen verglich, kommt zu dem Ergebnis, dass die Agenturen selbst ihr Potenzial im Social Web noch nicht ausgeschöpft haben. Die Sichtbarkeit auf Facebook ist schon recht gut, bei Twitter hingegen weniger. Zudem werde dort vergleichsweise viel von den Agenturen selbst geschrieben (Owned Media), noch recht wenig hingegen von der Community (Earned Media). Für den Report wurden als Basis 50 deutsche Unternehmen aus dem "W&V Ranking: Die 50 größten unabhängigen Werbeagenturen" ausgewählt. Zum Vergleich zog Brandwatch 20 englische Unternehmen aus dem bestehenden Ranking von "Campaign" (Brand Republic Group). (18)

Google: Die Werbebranche beobachtet den Internetkonzern Google genau und mit einiger Skepsis, denn sie befürchtet, dass er in die Beratung von Markenartikelunternehmen einsteigen könnte. Damit würde er ein Kerngeschäft der Werbeagenturen attackieren. Google seinerseits versichert, dass das Unternehmen mit den Agenturen partnerschaftlich zusammenarbeiten möchte, um die Kunden ins digitale Zeitalter zu begleiten. Andererseits lässt Google durchaus durchblicken, dass die Werbeagenturen bei der digitalen Kommunikation Nachholbedarf hätten. Google ist mit Abstand der größte Vermarkter. In Deutschland entfallen vermutlich 13 Prozent aller Werbeumsätze auf den Online-Multi - Tendenz steigend. (19)

Zahlen & Fakten

Abbildung 1: Top 20 inhabergeführten Werbeagenturen 2013

Rang 2013	Rang 2012	Name, Hauptsitz	Gross Income 2013 in Mio Euro	Veränderung Gross Income in Prozent	Mitarbeiter 2013
1	1	Serviceplan Group, München	201,63	15,8	1420
2	3	Jung von Matt, Hamburg	79,43	1,7	788
3	2	Media Consulta, Berlin	50,41	8,1	318
4	4	Dialogfeld, Nürnberg	45,01	16,9	413
5	5	Fischer-Appelt, Hamburg	39,1	11,2	340
6	6	Hirschen Group, Hamburg	37,17	23,5	369
7	7	Medienfabrik, Gütersloh	29,6	9,3	363
8	8	Aperto, Berlin	26,3	0,7	261

9	10	Change Communication, Frankfurt	26,3	9,6	215
10	14	Heimat, Berlin	23,83	45,4	179
11	11	Thjnk, Hamburg	23,58	9,7	220
12	9	Kolle Rebbe, Hamburg	22,38	-11,4	200
13	15	Webguerillas, München	18,54	19,8	148
14	13	Philipp und Keuntje, Hamburg	17,77	2,0	171
15	20	Die Jäger, Röckersbühl	15,89	30,1	145
16	23	UGW, Wiesbaden	15,46	36,9	251
17	16	Conteam, Mainz	15,4	5,1	119
18	18	KNSK, Hamburg	13,66	8,3	157
19	17	B+D Agenturgruppe, Köln	13,27	3,9	147
20		Pahnke Markenmacherei, Hamburg	13,19	n.m.	133

Quelle: Arbeitsgemeinschaft Rankingliste (Horizont, Werben & Verkaufen) Entnommen aus: Horizont, Nr. 16 vom 17.04.2014, Seite 14 (2)

Weiterführende Literatur

(1) Ein richtig gutes Jahr für die Independents
aus werben & verkaufen Nr. 16 vom 14.04.2014, S. 28

(2) Wirtschaft wächst, Umsatz steigt
aus Horizont 16 vom 17.04.2014 Seite 014

(3) GWA-Agenturen: mehr Umsatz und gestiegene Rendite
aus werben & verkaufen Nr. 16 vom 14.04.2014, S. 31

(4) 3 Milliarden Dollar für Google
aus Horizont 32 vom 07.08.2014 Seite 005

(5) Halbjahresbilanz: WPP wächst, warnt aber vor Risiken in Russland
aus horizont.net vom 26.08.2014

(6) WPP erwirtschaftet in Deutschland über eine Milliarde
aus W&V Online-Magazin vom 05.08.2014

(7) Bilanz: Werbeholding WPP steigert Umsatz und Marge
aus horizont.net vom 03.03.2014

(8) Omnicom verdient weniger - Publicis-Merger zieht sich hin
aus W&V Online-Magazin vom 12.02.2014

(9) Publicis-Holding schwächelt
aus Horizont 30 vom 24.07.2014 Seite 006

(10) Quo vadis, Publicis?
aus Horizont 39 vom 25.09.2014 Seite 019

(11) Interpublic: Einstieg von Hedgefond treibt Verkaufsgerüchte
aus Horizont 39 vom 25.09.2014 Seite 019

(12) Werber dringend gesucht
aus Horizont 31 vom 31.07.2014 Seite 004

(13) Pitch-Anfragen: Agenturen lehnen immer öfter ab
aus W&V Online-Magazin vom 24.04.2014

(14) Koalition der großen Knauserer
aus werben & verkaufen Nr. 17 vom 22.04.2014, S. 26

(15) Assessment für Agenturen
aus Horizont 37 vom 11.09.2014 Seite 025

(16) Warum Kreation an Wert verliert: Technik statt Ideen
aus horizont.net vom 24.04.2014

(17) Web wächst und wächst
aus Horizont 39 vom 25.09.2014 Seite 006

(18) Studie: Agenturen schöpfen Potenzial im Social Web nicht aus
aus W&V Online-Magazin vom 09.09.2014

(19) "Handelspartner und Hauptrivale"
aus werben & verkaufen Nr. 29 vom 14.07.2014, S. 26

Impressum

Werbeagenturen - Umsatzwachstum sorgt für Freude, Pitchkultur für Ärger

Bibliografische Information der deutschen Nationalbibliothek

Die Deutsche Nationalbibliothek verzeichnet diese Publikation in der deutschen Nationalbibliografie; detaillierte bibliografische Daten sind im Internet über http://dnb.d-nb.de abrufbar.

ISBN: 978-3-7379-5739-7

© 2015 GBI-Genios Deutsche Wirtschaftsdatenbank GmbH, Freischützstraße 96, 81927 München, www.genios.de

Alle Rechte vorbehalten. Dieses Werk ist einschließlich aller seiner Teile – z.B. Texte, Tabellen und Grafiken - urheberrechtlich geschützt. Jede Verwertung außerhalb der Grenzen des Urheberrechtsgesetzes bedarf der vorherigen Zustimmung des Verlags. Dies gilt insbesondere auch für auszugsweise Nachdrucke, fotomechanische

Vervielfältigungen (Fotokopie/Mikroskopie), Übersetzungen, Auswertungen durch Datenbanken oder ähnliche Einrichtungen und die Einspeicherung und Verarbeitung in elektronischen Systemen.